So wird es gemacht:

Öffne das miniLÜK®-Lösungsgerät und lege die Plättchen in den unbedruckten Deckel!
Jetzt kannst du auf den Plättchen und im Geräteboden die Zahlen 1 bis 12 sehen.

Beispiel: Seite 2
Ordnen nach dem Abc – die Klassenliste

Nimm das Plättchen 1 und sieh dir Aufgabe 1 an! Welche Namen gehören in die Lücken? Die richtige Antwort lautet: Boris. Zur richtigen Antwort gehört die Zahl 6. Die 6 ist auch die Feldzahl im Lösungsgerät, auf die du das Plättchen 1 legst, also Plättchen 1 auf das Feld 6 im Geräteboden!
Die Zahl **1** muss nach oben zeigen.

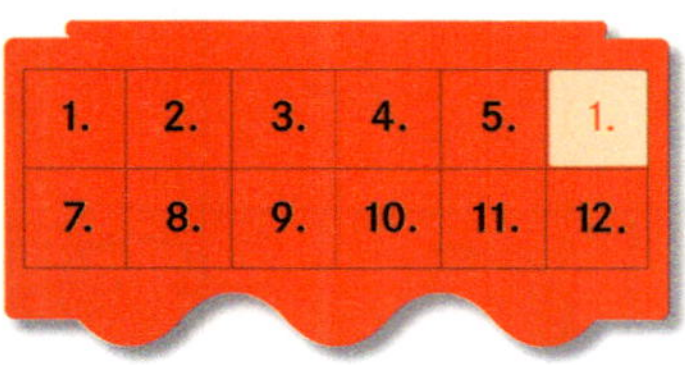

So arbeitest du weiter, bis alle Plättchen im Geräteboden liegen. Schließe dann das Gerät und drehe es um! Öffne es von der Rückseite!

Wenn du das bei der Übungsreihe abgebildete Lösungsmuster siehst, hast du alle Aufgaben richtig gelöst.

Passen einige Plättchen nicht in das Muster, dann hast du dort Fehler gemacht. Drehe diese Plättchen da, wo sie liegen, um, schließe das Gerät, drehe es um und öffne es wieder!
Jetzt kannst du sehen, welche Aufgaben du falsch gelöst hast. Nimm diese Plättchen heraus und suche die richtigen Ergebnisse!
Kontrolliere dann noch einmal!
Stimmt jetzt das Muster?
Das System ist für alle Übungen gleich: Die roten Aufgabennummern im Heft entsprechen immer den miniLÜK-Plättchen aus dem Lösungsgerät.
Die Feldzahlen bei den Lösungen sagen dir, auf welche Felder im Lösungsgerät die Plättchen gelegt werden.

Und nun viel Spaß!

Ordnen nach dem Abc – die Klassenliste

Welche Namen gehören in die Lücken?

A	Amina
B	1
C	Christian
D	2
E	Edward
F	3
G	Gregor
H	4
I	Ina
J	5
K	Katharina
L	6
M	Meike
N	7
O	Oswald
P	8
Q	Quintus
R	Ronny
S	9
T	Theresa
U	10
V	Vanessa
W	11
X	Xaver
Y	Yvonne
Z	12

Sigrid 2	Boris 6	Frauke 1	Urs 12	Petra 10	William 8
Julia 7	David 4	Zita 9	Lutz 3	Heike 5	Nader 11

Nomen nach dem Abc – Menschen, Tiere und Dinge

Wie heißen die fehlenden Wörter im Wörter-Abc?

1 | Ball
2 | Dorf
3
Fisch
4 | Haus
5
Junge
6 | Lineal
Mutter
Nuss
7

Pinsel
8
Rad
9
Tafel
Uhr
10
Wald
11
Yak
12

Sonne 3	Ohr 2	Affe 7	Igel 10	Vogel 1	Gras 8

Zelt 6	Ente 4	Xylophon 9	Quelle 5	Clown 11	Katze 12

Welches der beiden Nomen kommt nach dem Abc zuerst?

1	die Oma	4
	der König	6
2	das Ei	10
	das Gemüse	8
3	das Baby	1
	das Hemd	6
4	die Tasse	3
	der Stern	5
5	der Filzstift	7
	der Käfig	2
6	die Schülerin	10
	der Nikolaus	9
7	der Anorak	11
	die Baustelle	5
8	der Computer	4
	das Radio	9
9	die Straße	12
	das Kamel	2
10	die Zwiebel	11
	die Tomate	12
11	der Karton	8
	der Würfel	1
12	der Monat	7
	die Bohne	3

Welches der drei Wörter kommt nach dem Abc zuerst?

1	4 Euro	3 Juli	11 Beet
2	7 alt	6 krank	10 gern
3	5 sehen	11 hören	10 fallen
4	12 gut	1 leise	3 hart
5	8 März	4 Cent	2 Zeit
6	7 zwölf	8 neun	12 sieben
7	9 lieb	1 warm	6 böse
8	1 Haar	4 Lied	12 Montag
9	10 geben	9 essen	7 säen
10	5 Blüte	2 Salz	11 Haut
11	6 sauer	3 jung	8 kalt
12	5 Zoo	9 Uhr	2 Erde

Mit welchem Selbstlaut fängt das Nomen an?

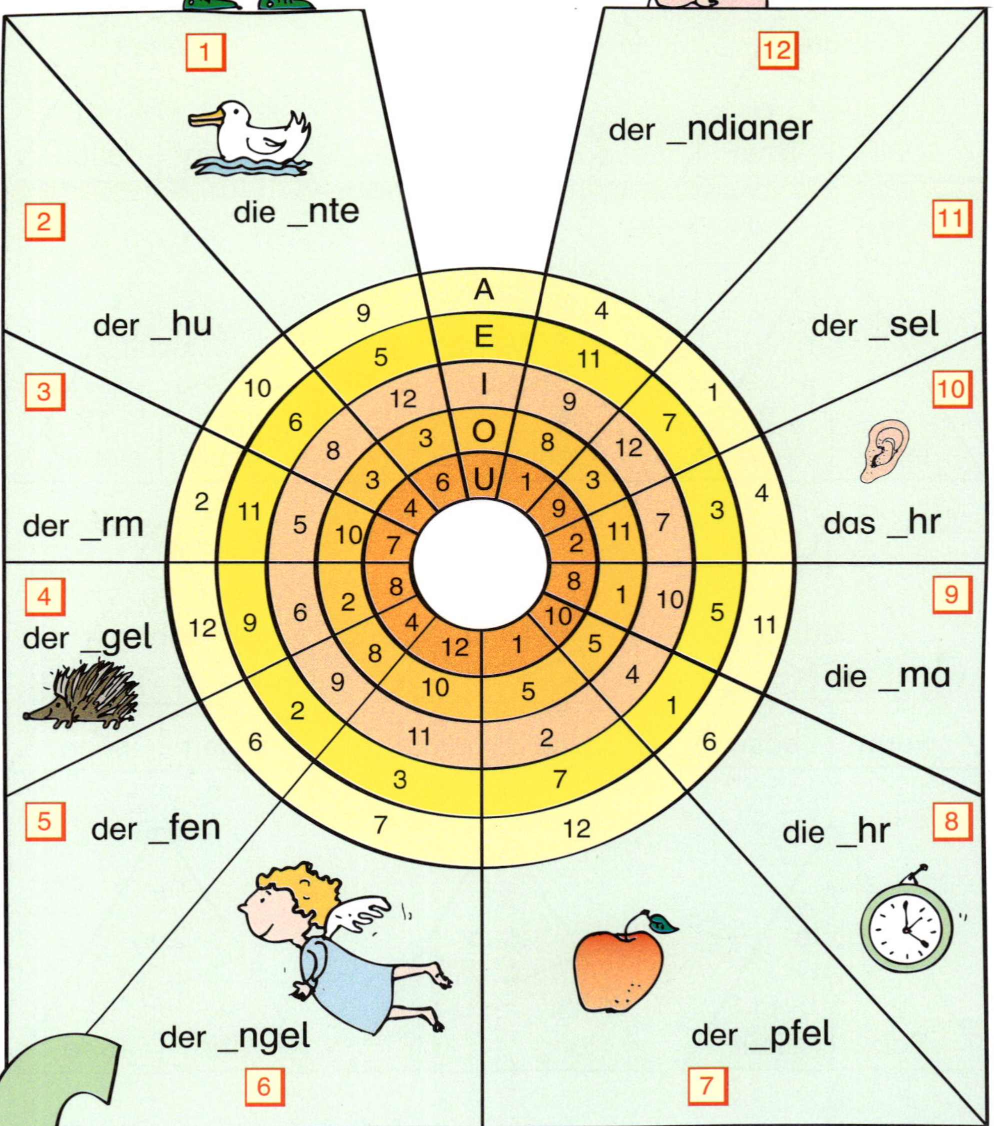

Welcher Selbstlaut fehlt in dem Nomen?

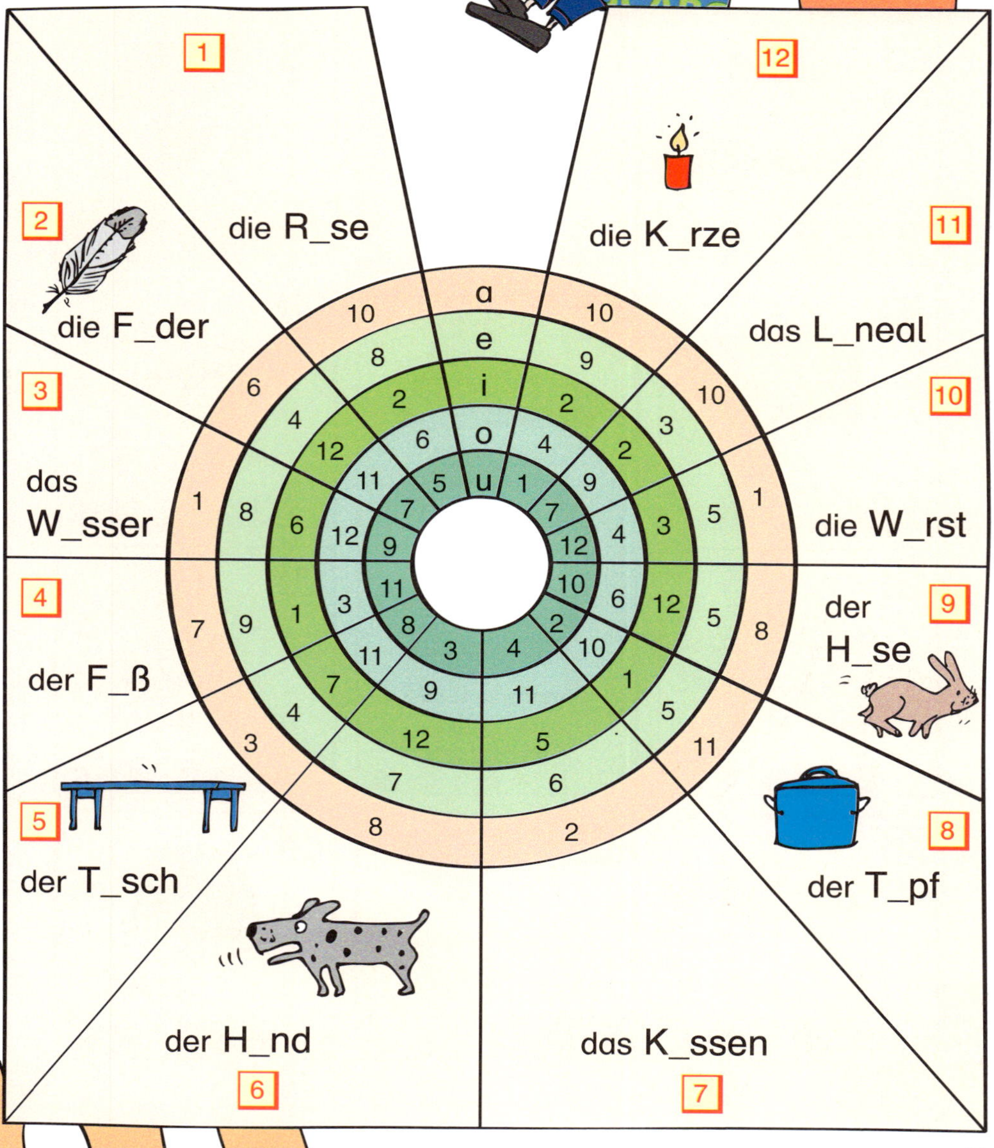

Mit welchem Mitlaut fängt das Nomen an?

1

das _uch

B 2 | M 6

2

der _ut

G 9 | H 12

3

die _uppe

D 10 | P 4

4

die _iste

N 3 | K 7

5

der _erg

B 10 | S 1

6

die _uppe

S 5 | B 11

7

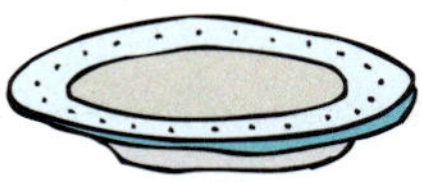

der _eller

B 8 | T 1

8

das _ild

T 4 | B 6

9

der _antel

M 3 | L 5

10

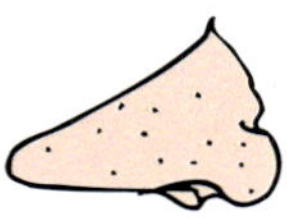

die _ase

N 8 | P 7

11

das _esser

M 9 | P 12

12

der _uchen

H 2 | K 11

Welcher Mitlaut fehlt in dem Nomen?

1

die Wol_e

d 5 | k 3

2

der Tur_

s 10 | m 11

3

der Ster_

n 8 | l 1

4

der O_a

p 4 | d 6

5

das Ki_d

l 8 | n 2

6

die Schu_e

l 12 | m 4

7

die Ho_e

k 2 | s 10

8

der Vo_el

g 5 | t 12

9

der Stei_

f 11 | n 7

10

der Löffe_

k 3 | l 9

11

die Blu_e

m 1 | g 7

12

die Leu_e

t 6 | b 9

Welche Endungen haben diese Nomen gemeinsam?

e oder er

1
der Vat_
die Mutt_
e 3 | er 7

2
die Blum_
das Gemüs_
e 10 | er 8

3
die Pfann_
die Tass_
e 12 | er 5

4
der Zuck_
der Turn_
e 9 | er 2

5
der Schül_
das Fenst_
e 2 | er 6

6
die Nas_
das Aug_
e 9 | er 4

7
die Kist_
die Kerz_
e 8 | er 1

8
die Tann_
die Ros_
e 4 | er 7

9
die Leit_
der Hamm_
e 10 | er 5

10
der Mal_
der Zeichn_
e 6 | er 1

11
der Somm_
der Wint_
e 12 | er 11

12
die Katz_
die Pupp_
e 3 | er 11

Welche Endungen haben diese Nomen gemeinsam?

el oder en oder er

1
der Mant_
der Stief_

el 11	en 2	er 5

2
der Brud_
die Schwest_

el 10	en 7	er 4

3
der Vog_
der Himm_

el 8	en 11	er 4

4
der Kuch_
das Kiss_

el 1	en 6	er 9

5
der Apf_
die Kartoff_

el 2	en 6	er 10

6
der Fing_
der Tell_

el 11	en 9	er 3

7
das Mess_
die Fed_

el 3	en 8	er 12

8
der Reg_
der Zapf_

el 5	en 10	er 2

9
der Es_
der Ig_

el 1	en 12	er 7

10
die Butt_
das Wass_

el 8	en 6	er 5

11
die Taf_
die Amp_

el 7	en 3	er 12

12
der Drach_
der Rück_

el 4	en 9	er 1

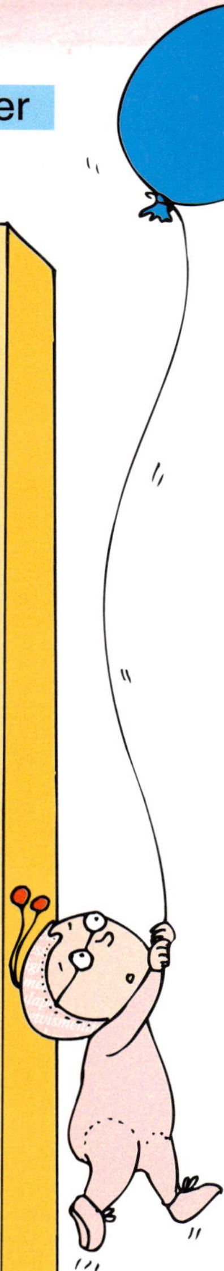

Wörterzauber – ausgetauschte Mitlaute bei Nomen

Wie heißt das neue Wort?

1 Garten G→K	2 Kerzen K→H
3 Nase N→V	4 Turm T→W
5 Wein W→B	6 Ziege Z→W
7 Kanne K→W	8 Lamm L→K
9 Hecke H→D	10 Vater V→K
11 Bauer B→M	12 Topf T→Z

Wörterzauber – ausgetauschte Selbstlaute bei Nomen

1 Schule u→a	2 Kegel e→u
3 Hase a→o	4 Zunge u→a
5 Wand a→i	6 Pappe a→u
7 Himmel i→u	8 Hand a→u
9 Burg u→e	10 Wolle o→e
11 Mund u→o	12 Tonne o→a

Wie fangen diese Wörter an? – Verben und Adjektive

1

Die Kinder _aufen zum Bus.
- l 6
- s 9

2

Tina _adet im Meer.
- k 10
- b 8

3

Vater _auft Obst.
- t 5
- k 10

4

Wir _acken Kekse.
- b 11
- t 7

5

Antje _alt eine Tanne.
- k 2
- m 4

6

Oma _ocht Kartoffeln.
- k 1
- p 4

7

Im Winter ist es _alt.
- s 8
- k 5

8

Sven mag gerne _elbe Birnen.
- g 2
- m 12

9

Mutter hat ein _eues Kleid.
- n 9
- f 3

10

Die Kirschen sind _eif.
- s 1
- r 12

11

Das ist ein _iftiger Pilz.
- p 6
- g 3

12

Das Baby ist _üde.
- m 7
- l 11

Ist das ein Nomen?

		ja	nein
1 	Marias FAHRRAD ist kaputt.	11	6
2 	Das Vorderrad ist VERBOGEN .	9	10
3 	Der LENKER wackelt.	8	7
4 	Beim Hinterrad fehlt die LUFT .	6	12
5 	Die Klingel GEHT nicht.	4	2
6 	Auf dem Schutzblech sind ROSTIGE Flecke.	1	9
7 	Vater kauft ein neues VORDERRAD.	12	8
8 	Nun pumpt er DAS Hinterrad auf.	10	4
9 	Vielleicht BRAUCHT die Klingel etwas Öl.	3	1
10 	Das SCHUTZBLECH muss nur geputzt werden.	5	11
11 	Mit dem SCHRAUBENSCHLÜSSEL wird der Lenker befestigt.	7	5
12 	Jetzt ist Maria wieder GLÜCKLICH .	2	3

Welche Umlaute fehlen in diesen Nomen?

ä oder ö oder ü

1

der wilde
L_we

ä	9	ö	3	ü	10

2

das gesunde
Gem_se

ä	8	ö	5	ü	1

3

der eiserne
K_fig

ä	6	ö	12	ü	2

4

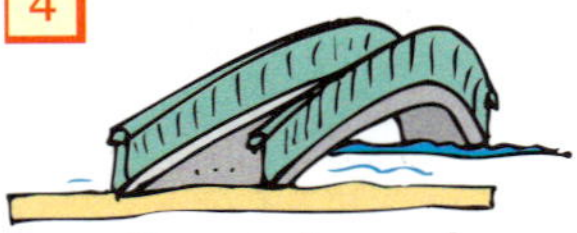

die schmale
Br_cke

ä	6	ö	11	ü	4

5

der silberne
L_ffel

ä	1	ö	12	ü	10

6

die große
Sch_ssel

ä	4	ö	7	ü	2

7

der starke
B_r

ä	10	ö	9	ü	6

8

die braune
T_r

ä	11	ö	2	ü	7

9

der leckere
K_se

ä	5	ö	8	ü	3

10

die saubere
K_che

ä	3	ö	5	ü	9

11

die versteckte
H_hle

ä	7	ö	11	ü	12

12

das kluge
M_dchen

ä	8	ö	1	ü	4

Welche Doppellaute fehlen in diesen Nomen ?

au oder ei oder eu

1

viele
L__te

au 3	ei 6	eu 8

2

ein dicker
B__ch

au 3	ei 11	eu 7

3

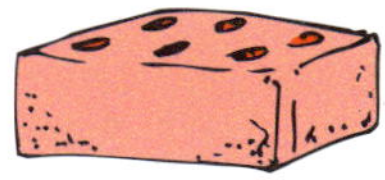

ein harter
St__n

au 10	ei 11	eu 1

4

ein Heft mit
32 S__ten

au 5	ei 7	eu 2

5

ein helles
F__er

au 8	ei 10	eu 5

6

ein hohes
H__s

au 4	ei 11	eu 12

7

ein netter
Nikol__s

au 1	ei 9	eu 4

8

ein einsames
Kr__z

au 6	ei 4	eu 9

9

ein schneller
R__ter

au 1	ei 12	eu 7

10

ein junger
B__m

au 2	ei 5	eu 8

11

ein gelbes
Kl__d

au 12	ei 6	eu 2

12

Ilkas bester
Fr__nd

au 9	ei 3	eu 10

Wörter mit K/k am Anfang – groß oder klein?

Wie fangen die Wörter an?

1

In der _lasse
steht eine Tafel.

K 12	k 4

2

Mutter _ocht
eine Gemüsesuppe.

K 11	k 3

3

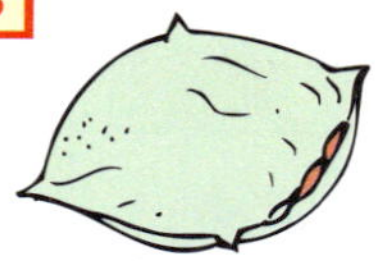

Das _issen ist
sehr weich.

K 7	k 9

4

Im Winter ist
es oft _alt.

K 3	k 5

5

In der ersten Reihe
sitzen drei _inder.

K 1	k 10

6

Der Vogel singt
im _äfig.

K 4	k 8

7

Am 4. Advent
brennen vier _erzen.

K 11	k 2

8

Die Eltern _aufen
für die Familie ein.

K 12	k 9

9

Die beiden
Freunde _ommen
in Hamburg an.

K 5	k 2

10

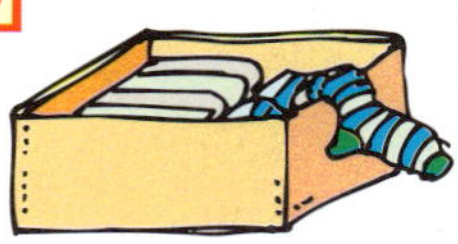

In der _iste
liegt Wäsche.

K 6	k 7

11

Marita _ann
schon lesen.

K 1	k 8

12

Die _uh grast
auf der Weide.

K 10	k 6

Wörter mit G/g am Anfang – groß oder klein?

1 Silvia _ibt ihrer Katze etwas Futter.

G 6	g 9

2 Jürgen sagt gerne _edichte auf.

G 5	g 12

3 In unserem _arten wachsen schöne Blumen.

G 2	g 4

4 Kuchen schmeckt immer _ut.

G 1	g 10

5 Kohl und Salat sind _emüse.

G 8	g 3

6 Pit _ießt den neu gepflanzten Busch.

G 11	g 6

7 Eine _ans ist so wachsam wie ein Hund.

G 4	g 8

8 Opa _räbt eine Baumwurzel aus.

G 7	g 11

9 Äpfel und Birnen sind _esund.

G 10	g 1

10 An der Mauer wächst viel _ras.

G 3	g 5

11 Horst _eht alleine durch den Wald.

G 9	g 7

12 An Omas _eburtstag treffen sich alle Kinder.

G 12	g 2

Wörter mit verschiedenen Mitlauten am Anfang

Wie fangen die Wörter an?

1

Auf der _austelle liegt viel Sand.

B 4 | D 11

2

Arne _urnt auf der Matte.

p 7 | t 1

3

Im _eller sind Mäuse.

D 12 | K 6

4

Die Kinder _achen über einen Witz.

m 2 | l 3

5

In der _onne sind saure Gurken.

T 12 | G 10

6

Heute essen wir _üße Früchte.

f 9 | s 2

7

Die _ecke hat ein buntes Muster.

D 9 | K 5

8

Die Jungen _rinken Milch und Saft.

p 1 | t 7

9

Am _onnerstag fällt die Schule aus.

D 5 | B 4

10

Die beiden Freundinnen haben _eue Kleider.

n 10 | b 8

11

Auf dem _alender stehen alle Feiertage.

D 3 | K 11

12

Simone _astelt ein Puppenhaus.

g 6 | b 8

Wörter mit St/Sp und st/sp am Anfang

1 Im Schaufenster _ehen Blumen.
st 3 | sp 10

2 Das _iel steht 1:1.
St 4 | Sp 6

3 Klaus _eigt auf einen Berg.
st 1 | sp 11

4 Lia isst gerne _agetti.
St 2 | Sp 4

5 Mirco kommt oft zu _ät.
st 12 | sp 7

6 Die _erne leuchten hell.
St 5 | Sp 3

7 Opa _olpert über einen Eimer.
st 10 | sp 8

8 Die _inne fängt eine Fliege.
St 9 | Sp 12

9 Im Sand _ielen viele Kinder.
st 7 | sp 2

10 Auf dem _iefel sitzt eine Maus.
St 9 | Sp 5

11 Rosi _art für eine Puppe.
st 1 | sp 8

12 Auf der _raße fahren Autos.
St 11 | Sp 6

Wie viele Silben hat das Nomen?

Zwei ◡◡, drei ◡◡◡ oder vier ◡◡◡◡ Silben?

1	Banane	9	7	11
2	Schere	5	3	8
3	Geburtstagskind	10	9	4
4	Kartoffel	11	2	12
5	Nikolausschuh	4	6	10
6	Gemüse	7	12	5
7	Blumen	8	10	6
8	Weihnachten	1	11	3
9	Pfanne	3	8	2
10	Lehrerin	12	1	7
11	Vogelkäfig	2	5	9
12	Drachen	6	4	1

Wie heißt die abgetrennte Silbe?

Was alles im Kleiderschrank ist

1

Kais grüner
Man-

2

zwei kurze
Hös-

3

Vaters guter
An-

4

Mutters rosa
Blu-

5

vier alte
Schu-

6

zwei Klei-
für den Sommer

7

drei blaue
Ho-

8

ein roter
Pul-

9

zwei schöne
Hü-

10

ein Paar
Stie-

11
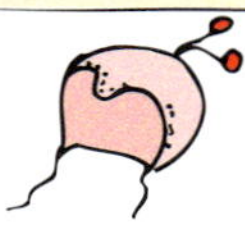
Lisas kleine
Müt-

12

Opas alte
Hem-

chen	1
den	8
der	2
fel	4
he	12
li	7
se	9
sen	3
te	5
tel	10
ze	11
zug	6

Sind diese Selbstlaute lang oder kurz?

⊖ oder ⊙
lang kurz

1 Wir bel**a**den den Wagen.
⊖ 1 | ⊙ 10

2 Die Kinder r**e**nnen weg.
⊖ 3 | ⊙ 11

3 Die Fische schw**i**mmen.
⊖ 6 | ⊙ 9

4 Sie sp**ie**len Tennis.
⊖ 8 | ⊙ 2

5 Wir f**a**hren Rad.
⊖ 3 | ⊙ 11

6 Er tr**i**nkt Milch.
⊖ 12 | ⊙ 6

7 Die Eltern t**a**nzen.
⊖ 4 | ⊙ 2

8 Wir r**u**fen den Hund.
⊖ 5 | ⊙ 7

9 Sie s**e**hen fern.
⊖ 10 | ⊙ 1

10 Er kl**e**ttert auf die Leiter.
⊖ 9 | ⊙ 7

11 Die Vögel fl**ie**gen.
⊖ 4 | ⊙ 8

12 Die Äpfel f**a**llen herab.
⊖ 5 | ⊙ 12

Wörter mit au und mit ei

		au	ei
1	Inga schr__bt ein Lied ab.	9	1
2	Die Katze spielt mit der M__s	11	4
3	Udo trinkt h__ßen Tee.	12	10
4	Auf dem Spielplatz ist es l__t.	8	5
5	Die Lehrerin schn__det ein Bild aus.	1	4
6	Robert malt einen Kr__s.	8	6
7	Ria br__cht ein Lineal.	2	10
8	Das Kl__d hat kurze Ärmel.	11	5
9	Vater k__ft einen Kalender.	9	3
10	Grüne Äpfel sind oft s__er.	7	6
11	Die Kinder l__fen zur Tür.	3	7
12	Jenny st__gt auf eine Kiste.	2	12

Wörter mit doppelten Mitlauten – Welches Wort reimt sich **nicht**?

1	Ratte	7	Latte	5	Kette	4
2	fressen	12	lassen	8	fassen	6
3	Puppe	2	Lippe	7	Suppe	1
4	Mutter	8	Retter	3	Butter	7
5	Kassen	1	Kissen	6	Bissen	9
6	Teller	9	Keller	12	Roller	5
7	Sonne	11	Pfanne	9	Tonne	2
8	kommen	6	summen	11	brummen	10
9	Tanne	4	Henne	2	Kanne	12
10	Fell	10	Ball	1	Knall	3
11	Kasse	3	Tasse	4	Busse	8
12	nennen	5	kennen	10	gewinnen	11

Suchrätsel – Verben mit doppelten Mitlauten

Suche die Verben.

1	L	I	B	R	O	L	L	E	N	S
2	A	F	Ü	L	L	E	N	A	R	E
3	O	T	R	E	F	F	E	N	S	A
4	S	A	G	R	E	N	N	E	N	E
5	E	K	N	A	L	L	E	N	A	T
6	H	E	I	W	I	P	P	E	N	E
7	A	S	T	E	L	L	E	N	E	R
8	U	R	E	T	T	E	N	I	E	T
9	A	K	R	A	B	B	E	L	N	K
10	A	N	S	T	E	S	S	E	N	G
11	E	S	A	M	M	E	L	N	O	R
12	S	K	L	E	T	T	E	R	N	U

wippen 11

treffen 10

stellen 7

sammeln 3

rollen 8

retten 12

rennen 1

essen 2

füllen 6

klettern 5

knallen 4

krabbeln 9

Umlaute bei der Mehrzahlform

Welcher Selbstlaut und Umlaut passen?

1

ein K_pf – zwei K_pfe

a – ä 7	o – ö 9	u – ü 4

2

ein Br_der – zwei Br_der

a – ä 10	o – ö 8	u – ü 5

3

eine B_nk – zwei B_nke

a – ä 2	o – ö 4	u – ü 9

4

ein R_ck – zwei R_cke

a – ä 7	o – ö 10	u – ü 1

5

ein W_rm – zwei W_rmer

a – ä 12	o – ö 6	u – ü 8

6

ein K_ch – zwei K_che

a – ä 3	o – ö 12	u – ü 1

7

ein M_ntel – zwei M_ntel

a – ä 4	o – ö 11	u – ü 2

8

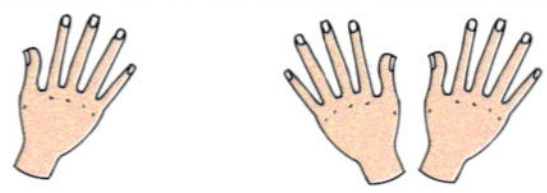

eine H_nd – zwei H_nde

a – ä 11	o – ö 2	u – ü 6

9

ein H_t – zwei H_te

a – ä 5	o – ö 10	u – ü 7

10

ein V_gel – drei V_gel

a – ä 5	o – ö 3	u – ü 8

11

ein Bl_tt – drei Bl_tter

a – ä 1	o – ö 12	u – ü 3

12

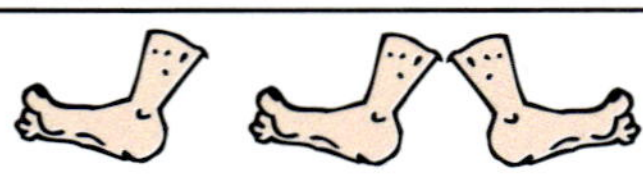

ein F_ß – zwei F_ße

a – ä 11	o – ö 9	u – ü 6

Umlaute bei der Verkleinerungsform

1

die W_rst – das W_rstchen

a – ä 4	o – ö 12	u – ü 3

2

die D_se – das D_schen

a – ä 6	o – ö 8	u – ü 12

3

die N_se – das N_schen

a – ä 11	o – ö 9	u – ü 4

4

das B_ch – das B_chlein

a – ä 11	o – ö 3	u – ü 4

5

die W_lke – das W_lkchen

a – ä 7	o – ö 5	u – ü 2

6

die K_tze – das K_tzchen

a – ä 1	o – ö 11	u – ü 10

7

der M_nd – das M_ndchen

a – ä 8	o – ö 1	u – ü 10

8

die R_se – das R_schen

a – ä 9	o – ö 2	u – ü 7

9

der B_ll – das B_llchen

a – ä 6	o – ö 3	u – ü 5

10

die Bl_me – das Bl_mchen

a – ä 8	o – ö 1	u – ü 9

11

der T_pf – das T_pfchen

a – ä 6	o – ö 12	u – ü 2

12

die T_sse – das T_sschen

a – ä 7	o – ö 10	u – ü 5

Verben mit vorangestellten Wortbausteinen

Was wir zu Hause alles tun

Welcher Wortbaustein passst?

1

unser Zimmer __räumen

auf	9	an	11

2

das Geschirr __waschen

hin	3	ab	12

3

das Fleisch __braten

ein	10	an	7

4

den Tisch __wischen

an	2	ab	10

5

das Kartoffel-wasser __gießen

aus	1	her	6

6

die Schuhe __bürsten

ab	5	auf	8

7

das Brot __schneiden

hin	12	ab	4

8

die Küche __fegen

aus	6	ein	9

9

den Fernseher __schalten

auf	4	ein	2

10

die Bestecke __ordnen

ab	7	ein	3

11

das Handtuch __hängen

auf	8	aus	5

12

die Blumenvase __stellen

hin	11	an	1

Nomen mit doppeltem Mitlaut

Welcher doppelte Mitlaut passt?

1

Im So__er wollen alle verreisen.

nn 3 | tt 7 | mm 1

2

In die Su__e gehört viel Gemüse.

pp 11 | ll 7 | ss 4

3

Unsere Kla__e spielt gerne Verstecken.

tt 5 | ss 10 | nn 6

4
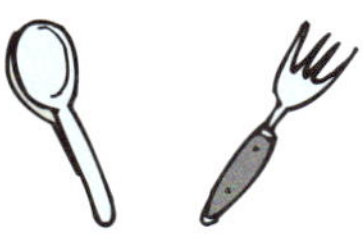
Lö__el und Gabeln braucht man zum Essen.

tt 9 | ff 8 | ll 6

5

Zum Weihnachtsfest kaufen wir eine Ta__e.

nn 4 | pp 2 | ff 11

6

Im Ke__er ist es dunkel.

ss 12 | nn 1 | ll 6

7

Im Wa__er schwimmt ein Rettungsring.

ss 2 | ll 10 | tt 3

8

Die So__e erwärmt die ganze Erde.

tt 1 | nn 5 | pp 12

9

Auf dem Stuhl liegt ein blaues Ki__en.

ll 11 | ss 9 | ff 5

10

Auf dem Te__er liegen Äpfel.

tt 2 | ff 9 | ll 7

11
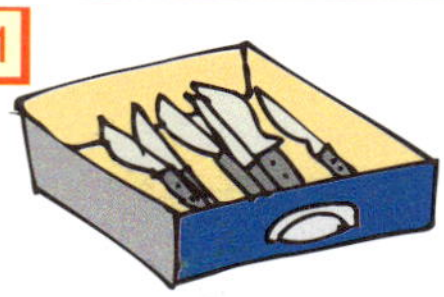
In der Schublade sind viele Me__er.

ss 3 | ll 4 | pp 8

12

Die Karto__eln kochen auf dem Herd.

mm 10 | tt 8 | ff 12

Wortschatzsicherung – Monatsnamen-Quiz

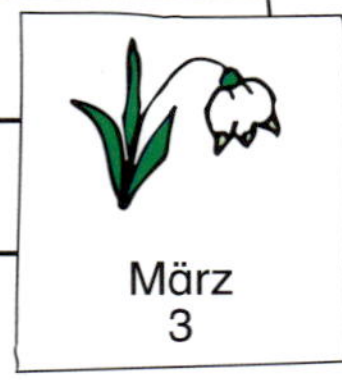

Welcher Monat ist das?

1 Bei welchem Monat ist der erste Buchstabe ein **D**?

2 Welcher Monat fängt wie **Au**to an?

3 In welchem Monat ist ein **ä**?

4 Welcher Monat fängt mit **N** an?

5 Welcher Monat reimt sich auf Nov**ember** und Dez**ember**?

6 Bei welchem Monat ist die zweite Silbe **li**?

7 Welchen Monat schreibt man mit **ai**?

8 Welcher Monat fängt mit **F** an?

9 Welcher Monat hat **pr** in der Mitte?

10 Welcher Monat fängt wie **Ju**li an?

11 Welcher Monat fängt mit **O** an?

12 Welcher Monat reimt sich auf Febr**uar**?